읽기만 해도 **실력 쑥쑥** 재미 두 배 **코믹 만화**

알찬 맞춤법

등장인물

우리(주인공)
요리를 좋아하고, 맛집 유튜브 채널 운영.
순하고 무엇이든 성실히 열심히 한다.
성격이 좋아서 주변 사람들과 잘 어울려
지내는 인싸다.

만세
주인공의 남동생으로 주인공보다
키가 커서 형님 같다.
축구 클럽에서 활동, 축구 영재로 불린다.
형제끼리 사이가 좋은 편이다.

윤아
뒷모습은 남자 같고, 앞모습도
약간은 우락부락하다.
외모 콤플렉스가 있다.

지호
운동 잘하고, 키도 크고 인기가 있다.
공부보다는 운동이 좋다.
우리와 유치원부터 친구 사이이다.

은하
수학 영재지만,
잘난 체하지 않고
순한 편이다.

읽기만 해도 **실력 쑥쑥** 재미 두 배 **코믹 만화**

알찬 맞춤법

글 강누리 그림 토리아트

차례

1. 가르치다 vs 가리키다 8
2. 간질이다 vs 간지르다 10
3. 같다 vs 갔다 vs 갖다 12
4. 개수 vs 갯수 14
5. 거 vs 꺼 16
6. 건드리다 vs 건들이다 18
7. 걷히다 vs 거치다 20
8. 겨루다 vs 겨누다 22
9. 곰곰이 vs 곰곰히 24
10. 굳이 vs 구지 26
11. 금세 vs 금새 28
12. 깎다 vs 깍다 30
13. 깨끗이 vs 깨끗히 32
14. 껍질 vs 껍데기 34
15. 꼼꼼히 vs 꼼꼼이 36
16. 꽤 vs 꾀 38
17. 끼어들다 vs 끼여들다 40
18. 납작하다 vs 납짝하다 42
19. 낳다 vs 낫다 44
20. 넓적하다 vs 넙적하다 46
21. 넘어 vs 너머 48
22. 눈곱 vs 눈꼽 50
23. 늑장 vs 늦장 52
24. 늘이다 vs 늘리다 54

25. 다르다 vs 틀리다 58
26. 다치다 vs 닫히다 60
27. 닫다 vs 닳다 62
28. 대개 vs 대게 64
29. 덥석 vs 덥썩 66
30. 덮다 vs 덥다 68
31. 데 vs 대 70
32. 돈가스 vs 돈까스 72
33. 돌멩이 vs 돌맹이 74
34. 돼 vs 되 76
35. 두텁다 vs 두껍다 78
36. 드러나다 vs 들어나다 80
37. 들르다 vs 들리다 82
38. 떡볶이 vs 떡복이 84
39. 띄다 vs 띠다 86
40. 로서 vs 로써 88
41. 만날 vs 맨날 90
42. 맞히다 vs 맞추다 92
43. 매다 vs 메다 94
44. 며칠 vs 몇 일 96
45. 모레 vs 모래 98
46. 무난하다 vs 문안하다 100
47. 묶다 vs 묵다 102
48. 묻히다 vs 무치다 104

49 바람 vs 바램 108
50 반드시 vs 반듯이 110
51 방귀 vs 방구 112
52 배다 vs 베다 114
53 베개 vs 배개 116
54 부수다 vs 부시다 118
55 부스스하다 vs 부시시하다 120
56 부치다 vs 붙이다 122
57 붓다 vs 붇다 124
58 비로소 vs 비로서 126
59 비치다 vs 비추다 128
60 빛다 vs 빗다 130
61 설거지 vs 설겆이 132
62 설렘 vs 설레임 134
63 세다 vs 새다 136
64 소시지 vs 소세지 138
65 싫증 vs 실증 140
66 쑥스럽다 vs 쑥쓰럽다 142

67 아기 vs 애기 146
68 않다 vs 안다 148
69 암탉 vs 암닭 150
70 어떡해 vs 어떻해 152
71 어리바리 vs 어리버리 154
72 어이없다 vs 어의없다 156
73 어차피 vs 어짜피 158
74 업다 vs 엎다 160
75 여위다 vs 여의다 162
76 역할 vs 역활 164
77 오랜만 vs 오랫만 166
78 우리나라 vs 저희 나라 168
79 욱여넣다 vs 우겨넣다 170
80 유월 vs 육월 172
81 이따가 vs 있다가 174
82 있다 vs 잇다 176
83 잊다 vs 잃다 178
84 웬일 vs 왠일 180
85 작다 vs 적다 182
86 쟁이 vs 장이 184
87 절이다 vs 저리다 186
88 젖다 vs 젓다 188
89 지그시 vs 지긋이 190
90 짓다 vs 짖다 192
91 찌개 vs 찌게 194
92 창피하다 vs 챙피하다 196
93 켜다 vs 키다 198
94 트림 vs 트름 200
95 틈틈이 vs 틈틈히 202
96 펴다 vs 피다 204
97 하마터면 vs 하마트면 206
98 해치다 vs 헤치다 208
99 햇볕 vs 햇빛 210
100 희한하다 vs 희안하다 212

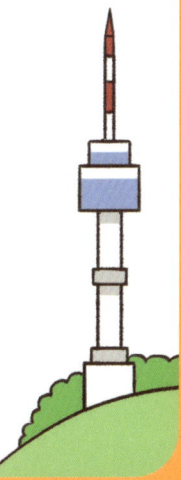

ㄱ ㄴ

1 가르치다 vs 가리키다 8
2 간질이다 vs 간지르다 10
3 같다 vs 갔다 vs 갖다 12
4 개수 vs 갯수 14
5 거 vs 꺼 16
6 건드리다 vs 건들이다 18
7 걷히다 vs 거치다 20
8 겨루다 vs 겨누다 22
9 곰곰이 vs 곰곰히 24
10 굳이 vs 구지 26
11 금세 vs 금새 28
12 깎다 vs 깍다 30
13 깨끗이 vs 깨끗히 32
14 껍질 vs 껍데기 34
15 꼼꼼히 vs 꼼꼼이 36
16 꽤 vs 꾀 38
17 끼어들다 vs 끼여들다 40
18 납작하다 vs 납짝하다 42
19 낳다 vs 낫다 44
20 넓적하다 vs 넙적하다 46
21 넘어 vs 너머 48
22 눈곱 vs 눈꼽 50
23 늑장 vs 늦장 52
24 늘이다 vs 늘리다 54

1 가르치다 vs 가리키다

'가르치다'는 '태권도를 가르치다'처럼 '무엇을 알게 하다'라는 뜻이고, '가리키다'는 '시곗바늘이 1시를 가리키다'처럼 '방향이나 대상을 짚어 보이거나 알리다'라는 뜻이에요. 두 낱말은 뜻이 서로 다르므로 정확하게 구분해서 써야 해요.

2 간질이다 vs 간지르다

'간질이다'는 '살갗을 건드려 간지럽게 하다'라는 뜻이에요. 그런데 '간지르다'로 잘못 아는 사람들이 많아요. 활용할 때는 '간질이고', '간질여' 등으로 원래 형태를 유지해야 하고 '간질이다'는 '간지럽히다'로 바꿔 쓸 수 있어요.

3 같다 vs 갔다 vs 갖다

'같다'는 '서로 다르지 않다. 비슷하다'라는 뜻이에요. 그런데 '같다'를 '가다'의 활용어인 '갔다'나 '가지다'의 준말인 '갖다'와 혼동하는 경우가 있어요. '갔다'는 '장소나 자리를 이동하다'라는 뜻이고, '가지다'는 '손이나 몸에 지니다'라는 뜻이에요.

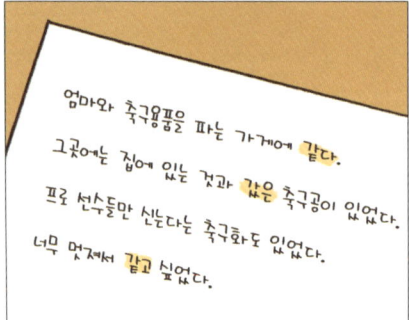

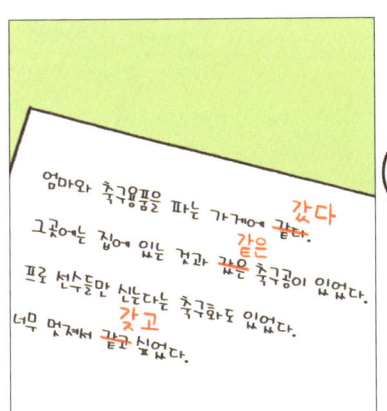

4 개수 vs 갯수

두 개의 낱말이 합쳐져 하나가 되었을 때 낱말 사이에 사이시옷을 넣는 예가 많아요. '바닷물', '깻잎', '빗물'처럼요. 그런데 '개수'나 '대가'처럼 사이시옷이 들어가지 않는 예도 있어요. 바로 한자어끼리 합쳐지는 경우랍니다.

5 거 vs 꺼

'거'는 '것'과 같은 말이에요. 주로 '것'은 문장에서 쓰고, '거'는 말할 때 쓰지요. 그런데 '거'가 '꺼'로 발음될 때가 많아서 '꺼'로 틀리게 쓸 때가 많아요. '내 꺼'처럼요. 그러나 이는 잘못된 표현이에요. 반드시 '내 거'라고 써야 한답니다.

6 건드리다 VS 건들이다

'건드리다'는 '물건을 만지거나, 말이나 행동으로 상대의 마음을 상하게 하다'라는 뜻이에요. '건들'은 '바람이 부드럽게 불어오는 모양'을 뜻하는 말이고요. 만약 바람에 살랑거리는 모습을 표현하는 동사를 쓰고 싶다면 '건들거리다'라고 해야 한답니다.

7 걷히다 vs 거치다

'걷히다'는 '안개가 걷히다'처럼 '가리고 있던 것이 사라지다'라는 뜻이에요. '거치다'는 '서울을 거쳐 인천으로 가다'처럼 '어떤 장소를 지나거나 들르다' 또는 '예선을 거치다'처럼 '과정을 보내다'라는 뜻이에요.

8 겨루다 vs 겨누다

'겨루다'는 '서로 승부를 다투다'라는 뜻이에요. '겨누다'는 '활이나 총을 쏘려고 목표물을 향해 방향과 거리를 재다'라는 뜻이고요. 운동 경기를 할 때는 서로 승부를 겨루어야 하고, 사격을 할 때는 과녁에 총을 겨눈다는 점을 잊지 마세요.

9 곰곰이 VS 곰곰히

'곰곰이'는 '여러모로 깊이 생각하는 모양'을 뜻해요. 헷갈리지만 틀린 말로 '곰곰히'가 있어요. 이와 비슷한 경우로 '번번이'와 '번번히', '누누이'와 '누누히'가 있어요. 모두 끝에 '이'가 들어가야 한답니다.

10 굳이 VS 구지

'굳이'는 '단단한 마음으로 굳게', '고집스럽게'라는 뜻을 지닌 말이에요. 그런데 말할 때 '구지'로 발음되기 때문에 '구지'로 잘못 쓰는 경우가 많아요. 말할 때는 '구지'로 말하고 쓸 때는 '굳이'라는 것을 꼭 기억하세요.

11 금세 vs 금새

'금세'는 '바로 지금'이란 뜻으로, '금시에'가 줄어든 말이에요. '시'와 '에'가 합쳐져서, '세'가 된 것이지요. 만약 '금세'와 '금새'가 헷갈린다면 본말인 '금시에'를 떠올려 보세요. 금새는 '물건의 값'이란 뜻이에요.

12 깎다 vs 깍다

'깎다'는 여러 뜻이 있어요. '사과를 깎다'처럼 '칼로 물건의 거죽을 벗겨 내다'라는 뜻이 있어요. '머리를 깎다'처럼 '머리나 풀을 자르다'라는 뜻도 있어요. 또 '금액이나 값을 낮추다'라는 뜻도 있답니다. 초성도 받침도 모두 'ㄲ'인 점을 기억하세요.

골라, 골라! 사과가 열 개에 만 원.

사과값, 만 원입니다.

얘들아, 귤도 맛보렴.

우아, 감사합니다.

대파 한 단하고, 무 한 개, 호박 두 개 주세요.

만 천 원인데, 만 원만 주세요.

맞아요. 덤도 주고, 물건값도 깎아 줘요.

재래시장 정말 좋아요.

그게 재래시장에 오는 재미란다.

아빠, 배고픈데 뭣 좀 먹으면 안 돼요?

호떡 사 주세요.

13 깨끗이 vs 깨끗히

'깨끗이'는 상태를 나타내는 말인 형용사 '깨끗하다'에서 온 말이에요. 이렇게 형용사가 변하여 된 말에는 '깨끗이', '반듯이', '가까이'처럼 끝에 '이'가 붙는 경우가 있고, '열심히', '조용히', '분명히'처럼 끝에 '히'가 붙는 경우가 있어요.

14 껍질 vs 껍데기

'껍질'과 '껍데기'는 둘 다 '물체의 겉을 싸고 있는 것'을 말해요. 단단하지 않은 것은 '껍질', 단단한 것은 '껍데기'라고 하지요. 사과나 귤의 단단하지 않은 바깥 부분은 '껍질'이라고 하고, 달걀, 소라, 조개의 단단한 바깥 부분은 '껍데기'라고 한답니다.

15 꼼꼼히 vs 꼼꼼이

'꼼꼼히'는 형용사 '꼼꼼하다'에서 온 말로 '-하다'로 끝나는 경우는 '히'가 붙어요. 다만 '깨끗이'처럼 'ㅅ' 받침이 있는 경우는 제외예요. 부사는 끝음절이 '이'로만 나는 것은 '이'로 적고, '히'로만 나거나 '이'나 '히'로 나는 것은 '히'로 적어요.

윤아야, 뭐 해?

새로 생긴 분식점 메뉴를 보고 있어.

왜?

먹을 걸 미리 정해 두려고.

메뉴판을 엄청 **꼼꼼이** 본다~~.

그래야 세트 메뉴랑 대표 음식이 무엇인지 알 수 있거든.

정말 대단하다.

훗, 이 정도쯤이야.

근데 이 그림은 뭐야?

우리 동네 맛집 지도야.

16 꽤 vs 꾀

'꽤'는 '형은 밥을 꽤 많이 먹는다'처럼 '보통보다 조금 더'라는 뜻이에요. '꾀'는 '동생은 꾀가 많다'처럼 '일을 잘 꾸며 내거나, 문제 해결을 위한 아주 좋은 계획'을 뜻하는 말이에요. 생김새는 비슷하지만 문장이나 말에서의 쓰임으로 쉽게 구분할 수 있어요.

17 끼어들다 vs 끼여들다

'끼어들다'는 '틈 사이로 비집고 들어가다'라는 뜻이에요. '갑자기 택시가 끼어들었다', '그가 대화 중에 불쑥 끼어들었다'와 같이 쓸 수 있어요. '껴들다'는 '끼어들다'의 준말이에요. '끼여들다'라는 말은 사전에 없으니 쓰지 말아야 해요.

18 납작하다 vs 납짝하다

'납작하다'는 '두께가 얇으면서도 평평하고 넓다'라는 뜻이에요. '납짜카다'로 발음하지요. 그래서 발음과 비슷한 '납짝하다'라는 말과 헷갈리곤 해요. 하지만 '납짝하다'는 사전에 없는 말이랍니다.

19 낳다 vs 낫다

'낳다'는 '강아지가 새끼를 낳다'처럼 '새끼, 아기, 알 따위를 몸 밖으로 내놓다'라는 뜻이에요. '낫다'는 '이 옷이 저 옷보다 낫다'처럼 '보다 더 좋거나 앞서다' 또는 '병이 씻은 듯이 낫다'처럼 '병이나 상처 따위가 고쳐지다'라는 뜻이에요.

20 넓적하다 vs 넙적하다

'넓적하다'는 '두께가 조금 얇고 평평하며 꽤 넓다'라는 뜻이에요. '넙적하다'는 '무엇을 받아먹을 때 입을 벌렸다가 닫다' 또는 '몸을 바닥에 대고 엎드리다'라는 뜻이지요. 둘은 쓰임이 전혀 다르답니다.

21 넘어 vs 너머

'넘어'는 '높은 부분의 위를 지나다'라는 뜻으로 '넘다'의 활용어예요. 즉, '넘어서 가다'라는 동작을 표현한 말이에요. '산을 넘어 바다로 가다'처럼 동작이 들어갈 때 쓰지요. '너머'는 '높은 곳의 저쪽 또는 그 공간', 즉 장소를 포함한 말이에요.

22 눈곱 vs 눈꼽

'눈곱'은 '눈'과 '기름이나 고름 모양의 이물질'인 '곱'을 합한 말이에요. '눈곱'은 '눈꼽'으로 발음되어서 '눈꼽'으로 잘못 아는 사람들이 많아요. 하지만 '눈곱'처럼 두 낱말이 결합하여 낱말이 될 때는 서로의 형태가 변하지 않는답니다.

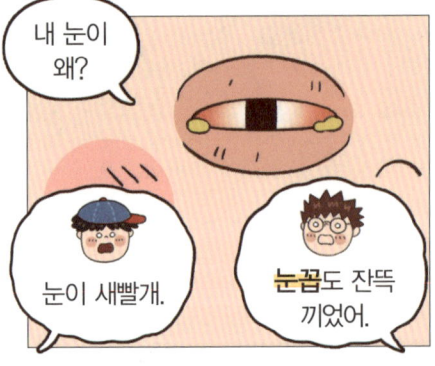

23 늑장 vs 늦장

'늦장'과 '늑장'은 둘 다 '느릿느릿 꾸물거리는 태도'를 뜻하는 말이에요. 둘 다 표준어이고 뜻이 같아서 서로 바꾸어 쓸 수 있어요. 즉 '늑장을 부리다' 대신 '늦장을 부리다'로 쓰면 된답니다.

24 늘이다 vs 늘리다

'늘이다'는 '고무줄을 늘이다'처럼 주로 길이를 '길어지게 하다'라는 뜻이에요. '늘리다'는 '주차장의 규모를 늘리다'처럼 넓이나 부피를 '이전보다 크게 하다'라는 뜻이에요. 또 수, 시간, 재산, 능력, 살림 등을 늘게 하는 것도 '늘리다'를 써요.

ㄷ ㄹ ㅁ

25 다르다 vs 틀리다　58
26 다치다 vs 닫히다　60
27 닫다 vs 닿다　62
28 대개 vs 대게　64
29 덥석 vs 덥썩　66
30 덮다 vs 덥다　68
31 데 vs 대　70
32 돈가스 vs 돈까스　72
33 돌멩이 vs 돌맹이　74
34 돼 vs 되　76
35 두텁다 vs 두껍다　78
36 드러나다 vs 들어나다　80
37 들르다 vs 들리다　82
38 떡볶이 vs 떡복이　84
39 띄다 vs 띠다　86
40 로서 vs 로써　88
41 만날 vs 맨날　90
42 맞히다 vs 맞추다　92
43 매다 vs 메다　94
44 며칠 vs 몇 일　96
45 모레 vs 모래　98
46 무난하다 vs 문안하다　100
47 묶다 vs 묵다　102
48 묻히다 vs 무치다　104

25 다르다 vs 틀리다

'다르다'는 '두 대상이 서로 같지 않다'라는 뜻이고, '틀리다'는 '어떤 내용이 잘못되다'라는 뜻이에요. '다르다'는 두 사물을 비교하는 말이지만, '틀리다'는 하나의 사물이나 생각을 대상으로 해요.

26 다치다 vs 닫히다

'다치다'는 '넘어져 다리를 다치다'처럼 '몸이나 마음이 상하다'라는 뜻이에요. '닫히다'는 '문이 닫히다'처럼 '문, 뚜껑, 서랍 따위가 막히다'라는 뜻이고요. 뜻은 서로 다르지만 둘 다 '다치다'로 발음되기 때문에 헷갈릴 수 있어요.

27 닫다 vs 닿다

'닫다'는 '뚜껑을 닫다'처럼 '열린 것을 제자리에 가게 하다'라는 뜻이에요. 또 '가게가 문을 닫다'처럼 '영업을 마치다'라는 뜻도 있어요. '닿다'는 '머리가 천장에 닿다'처럼 '두 물체가 가까이 붙다' 또는 '다다르다, 이르다'라는 뜻이에요.

28 대개 VS 대게

'대개'는 '대부분, 일반적인 경우'를 뜻해요. 그리고 '대게'는 '다리가 길고, 몸통이 큰 커다란 게'를 말하지요. 두 낱말이 헷갈릴 때는 다음의 문장을 떠올려 보세요. '겨울철에 먹는 '대게'는 '대개' 맛있다' 이렇게요.

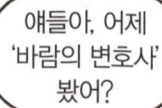
얘들아, 어제 '바람의 변호사' 봤어?

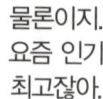
물론이지. 요즘 인기 최고잖아.

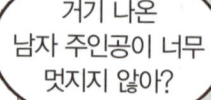
거기 나온 남자 주인공이 너무 멋지지 않아?

나처럼?

드라마 주인공은 늘 똑똑하고 잘생겼잖아.

그런데 그건 말이 안 되는 거 같아. 우리 주변은 **대게** 평범하잖아.

주인공이 평범하면 이상하지.

우리처럼 평범한 사람이 주인공이라면 어떨까?

난 잘 생겼으니 예외야. 절대로 평범하지 않잖아.

그래, 너처럼 무식한 주인공은 한 번도 본 적 없어.

29 덥석 vs 덥썩

'덥석'은 '달려들어 잽싸게 물거나 움켜잡는 모양'을 뜻하는 말이에요. '물고기가 미끼를 덥석 물었다', '손을 덥석 잡았다'처럼 쓰이지요. 그런데 말할 때는 '덥썩'으로 소리가 나기 때문에 '덥썩'으로 잘못 쓰는 경우가 많아요.

12시가 되어 종이 울리자 신데렐라는 무도회장을 급히 빠져나왔어요.

그러다 유리 구두 한 짝을 떨어뜨렸어요.

어떻게 해.

…… 왕자는 유리 구두의 주인을 찾아다니다,

마침내 신데렐라의 집에 도착했어요.

후유, 다행이다.

왕자는 신데렐라의 손을 **덥석** 잡으며 청혼했어요.

신데렐라는 왕자와 결혼해서 행복하게 살았답니다.

우아!

30 덮다 vs 덥다

'덮다'는 '뚜껑을 덮다', '책을 덮다'처럼 '보이지 않게 막다'라는 뜻으로 쓰이거나 '천 따위로 가리다'라는 뜻으로 쓰여요. 또 '흰 눈이 온 세상을 덮다'처럼 '가득 채우다'라는 뜻으로도 쓰여요. '덥다'는 '기온이나 온도가 높다'라는 뜻이에요.

31 데 vs 대

'데'는 '들를 데가 있다'처럼 장소를 나타내거나, '책을 읽는 데 시간이 오래 걸린다'처럼 일의 범위나 사실을 나타내요. 또 '배 아픈 데 먹는 약'처럼 경우를 뜻하기도 해요. 반면에 '대'는 '차 한 대'처럼 물건의 수를 세는 말이랍니다.

32 돈가스 vs 돈까스

'돈가스'는 서양에서 온 요리로, 영어로는 '포크커틀릿'이에요. 돼지를 뜻하는 한자어 '돈(豚)'과 '커틀릿'의 일본식 발음 '카츠레츠'에서 앞 글자만 따서 '돈카츠'로 불리게 되었고, 그것이 우리말로 '돈가스'가 되었어요.

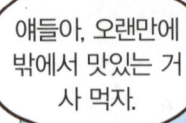
얘들아, 오랜만에 밖에서 맛있는 거 사 먹자.

너희들이 먹고 싶은 걸 말해 봐.

전 **돈까스**가 먹고 싶어요.

전 짜장면이요.

전 만둣국이요.

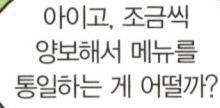
아이고, 조금씩 양보해서 메뉴를 통일하는 게 어떨까?

그래, 이번에 못 먹으면 다음에 먹으면 되니까.

싫어요. 지난번에도 나라가 먹고 싶은 거 먹었잖아요.

저도요. 이번엔 포기 못 해요.

쳇.

33 돌멩이 vs 돌맹이

'돌멩이'는 '돌덩이보다 작고 자갈보다 큰 돌'을 말해요. 그런데 '돌멩이'를 '돌맹이'로 잘못 쓰는 사람이 많아요. '알맹이', '꼬맹이', '코맹맹이', '맹꽁이'처럼 '맹'이 들어간 낱말이 많아서 그런 것 같아요.

34 돼 vs 되

'돼'는 '되다'의 활용형으로 '되어'가 줄어든 말이에요. 문장을 쓸 때 '돼'를 써야 할지, '되'를 써야 할지 헷갈릴 때가 많아요. 문장 중간에서는 '되어'를 넣어 자연스러우면 '돼', 그렇지 않으면 '되'를 써요. 그리고 문장 끝에서는 무조건 '돼'로 써요.

35 두텁다 vs 두껍다

'두텁다'는 '사람 사이의 관계에서 인정이나 사랑이 깊고 단단한 것'을 말해요. '두껍다'는 '물체의 두께가 보통 정도보다 깊은 것'을 말하고요. 물건의 두께를 말할 때는 '두껍다'라고 하고, 정, 믿음, 신뢰 등의 깊이를 말할 때는 '두텁다'라고 해요.

36 드러나다 vs 들어나다

'드러나다'는 '바닷물이 빠지자 갯벌이 드러났다'처럼 '보이지 않던 것이 보이게 되다' 또는 '진실이 드러났다'처럼 '알려지지 않은 사실이 밝혀지다'라는 뜻이 있어요. 발음이 같은 '들어나다'는 '드러나다'의 잘못된 표현이랍니다.

얘들아, 여기 좀 봐.

저수지가 왜 이러지? 물이 어디로 간 거야?

바닥을 청소하려고 일부러 물을 뺀 거래.

후유~, 다행이다.

난 큰일 난 줄 알았어.

그래도 저수지 바닥이 **들어나니** 보기가 좋지는 않네.

그러게.

얘들아, 저기에 사람들이 모여 있어.

방송국 카메라도 보여. 뭐지?

가 보자.

37 들르다 vs 들리다

'들르다'는 '시장을 들러서 집으로 간다'처럼 '가는 길에 어딘가를 잠시 거치다'라는 뜻이에요. '들리다'는 '노랫소리가 들리다'처럼 '소리가 알아차려지다'라는 뜻이고요. 둘이 헷갈린다면 '음악실에 들렀더니, 노랫소리가 들렸다'를 기억하세요.

윽, 바쁘다, 바빠.

얼른 서둘러.

형이 서두르라고 해서 평소보다 일찍 나왔네.

제발 일찍 좀 일어나자. 동생아!

형, 잠시 문구점에 **들리면** 안 될까?

공책을 다 써서, 사야 해.

어휴, 미리미리 준비 좀 하지.

얼른 가자.

헤헤, 오늘은 지각 아니다.

맨날 지각하는 게 이상한 거야.

38 떡볶이 vs 떡복이

'떡볶이'는 '떡에 여러 가지 채소와 양념을 넣어 볶은 음식'이에요. '떡'에 '볶다'의 어간 '볶'과 뒤에 명사를 만드는 '-이'가 붙어서 만들어진 말이지요. 그래서 말이 만들어진 원래의 의미대로 '떡볶이'로 써야 해요.

39 띠다 vs 띠다

'띄다'는 '뜨이다'의 준말로 '눈에 보이다'라는 뜻이에요. '눈에 띄다'처럼 주로 눈과 함께 쓰지요. '띠다'는 '빛깔이나 색채 따위를 가지다', '감정이나 기운 따위를 나타내다', '어떤 성질을 가지다' 등의 뜻으로 감정과 성격을 말할 때 쓰여요.

40 로서 vs 로써

'로서'는 지위나 신분, 자격을 나타내고, '로써'는 어떤 일의 수단이나 도구, 원료, 재료를 나타내는 뜻으로 쓰여요. '로서'와 '로써'는 많이 쓰지만, 틀리기 쉬운 말이므로 잘 구분해서 써야 한답니다.

41 만날 VS 맨날

'만날'과 '맨날'은 '매일 같이 계속해서'라는 뜻이에요. 원래는 '만날'만 표준어였는데, 사람들이 '맨날'을 많이 쓰자 둘 다 표준어로 인정하게 되었지요. 사람들이 많이 써서 둘 다 표준어로 인정하게 된 낱말로 '자장면'과 '짜장면'도 있어요.

42 맞히다 vs 맞추다

'맞히다'는 '문제에 대한 답을 틀리지 않게 하거나 쏘거나 던지거나 하여 한 물체가 어떤 물체에 닿게 하다'라는 뜻이에요. '맞추다'는 '서로 떨어져 있는 부분을 제자리에 맞게 붙이거나 서로 어긋남이 없이 조화를 이루다'라는 뜻이랍니다.

43 매다 vs 메다

'매다'는 끈이나 줄을 이용해 풀리지 않게 묶는 것을 말해요. '메다'는 '가방을 메다'처럼 어깨에 무언가를 걸치거나 올려놓을 때 쓰는 말이지요. 논이나 밭에 난 풀을 뽑을 때도 '매다'를 사용해요.

44 며칠 vs 몇 일

'며칠'은 '몇 날' 또는 '그달의 몇째 되는 날'을 말해요. 그런데 '며칠'을 '몇 일'로 잘못 쓰는 사람들이 꽤 많아요. 수를 나타내는 낱말 '몇'에 날을 세는 단위인 '일'이 합쳐진 걸로 잘못 알고 있기 때문이에요. 이는 잘못된 표현으로 반드시 '며칠'로 써야 해요.

45 모레 vs 모래

'모레'는 '내일의 다음 날'을 말해요. '모래'는 '아주 잘게 부스러진 돌 부스러기'를 말하고요. '모레'와 '모래'는 비슷하게 발음되지만, 뜻이 전혀 달라요. 내일의 다음 날은 '모레', 바닷가에서 볼 수 있는 것은 '모래'라는 점을 잊지 마세요.

46 무난하다 vs 문안하다

'무난하다'는 '예선을 무난하게 통과하다'처럼 '어렵지 않거나 흠잡을 데가 없다'라는 뜻이에요. '문안하다'는 '웃어른께 안부를 묻다'라는 뜻으로 말할 때 둘 다 '무난하다'로 발음되지만, 뜻이 서로 다르므로 구분해서 써야 해요.

47 묶다 vs 묵다

'묶다'는 '운동화 끈을 묶다'처럼 끈이나 줄로 매듭을 만들거나 매는 것을 말해요. 그리고 여럿을 하나로 합치는 것을 말하기도 하고요. '묵다'는 '묵은 김치'처럼 오래된 것이나, '호텔에서 묵다'처럼 손님으로 머무는 것을 말해요.

48 묻히다 vs 무치다

'묻히다'는 '땅속에 묻힌 보물을 찾다', '비밀이 묻혀 버렸다'처럼 무언가에 가려지고 덮여 버린 상태를 말해요. '무치다'는 '콩나물을 무치다'처럼 나물 따위에 양념을 넣어 버무리는 것을 말한답니다.

— 으악!
— 휘이잉
— 괜찮아?

— 이게 무슨 종이지? 꽤 익숙한데?
— 지도 같아. 익숙한 건물들이 보이는 걸로 봐서 우리 동네야.

— 여기에 해골 표시가 있어.
— 꺅, 어떤 보물이 **무쳐** 있나 봐!

— 이건 보물 지도가 확실해!
— 얼른 가 보자. 해골 표시가 있는 곳은 바로 공원이야.

— 여기는 아니야.
— 여기도 아니야.

49 바람 vs 바램 108
50 반드시 vs 반듯이 110
51 방귀 vs 방구 112
52 배다 vs 베다 114
53 베개 vs 배개 116
54 부수다 vs 부시다 118
55 부스스하다 vs 부시시하다 120
56 부치다 vs 붙이다 122
57 붓다 vs 붇다 124
58 비로소 vs 비로서 126
59 비치다 vs 비추다 128
60 빛다 vs 빗다 130
61 설거지 vs 설겆이 132
62 설렘 vs 설레임 134
63 세다 vs 새다 136
64 소시지 vs 소세지 138
65 싫증 vs 실증 140
66 쑥스럽다 vs 쑥쓰럽다 142

49 바람 vs 바램

'바람'은 '어떤 일이 이루어지기를 바라는 간절한 마음'으로, 동사 '바라다'에서 온 낱말이에요. 그런데 이를 '바램'으로 잘못 쓰는 사람들이 많아요. '바램'은 '색칠하거나 염색한 것이 희끗희끗하게 변한 것'을 말한답니다.

50 반드시 vs 반듯이

'반드시'는 '꼭 틀림없이'라는 뜻이고, '반듯이'는 '물체의 모양 또는 사람의 생각이나 행동이 비뚤지 않고 바르게'라는 뜻이에요. 두 낱말은 발음이 같지만, 뜻이 다르므로 꼭 구분해 써야 해요. '몸가짐은 반듯이 하고, 약속은 반드시 지켜야 한다'처럼요.

51 방귀 vs 방구

'방귀'는 공기를 내보낸다는 뜻의 한자어인 '방기'가 변한 말이에요. '방구'로 쓰는 사람들이 많지만, 표준어는 '방귀'랍니다. 또 사람들이 '방귀를 꾸다'라고 하는 경우도 많은데 '방귀를 뀌다'가 맞아요.

52 배다 vs 베다

'배다'는 '옷에 땀이 배다'처럼 색이나 냄새, 버릇 따위가 스며드는 것을 말해요. 또 '강아지가 새끼를 배다'처럼 '아이나 새끼, 알을 가지다'라는 뜻도 있어요. '베다'는 '날카로운 물건으로 무언가를 자르거나 상처 내는 것'을 말한답니다.

53 베개 VS 배개

'베개'는 잠자거나 누울 때 머리에 괴는 물건이에요. 매일 쓰는 물건이지만, '배개' 또는 '벼개'로 잘못 아는 경우가 많아요. 계속 헷갈리면 '베개를 베다'를 기억하세요. '베개'와 '베다'가 모두 '베'니까 기억하기 쉽죠?

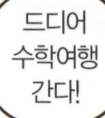

54 부수다 vs 부시다

'부수다'는 단단한 물건을 깨뜨리거나 못쓰게 만드는 것을 말해요. '부시다'는 '컵을 물로 부시다'처럼 그릇 따위를 씻거나, '눈이 부시다'처럼 빛이 세게 비치어 쳐다보기 어려운 상태를 말해요.

55 부스스하다 vs 부시시하다

'부스스하다'는 머리카락 따위가 어지럽게 일어나거나 흐트러져 있는 모습을 말해요. 우리가 흔히 쓰는 '부시시하다'는 '부스스하다'의 잘못된 표현이에요. 그리고 '푸시시하다'는 '부스스하다'와 바꾸어 쓸 수 있는 말이랍니다.

56 부치다 vs 붙이다

'부치다'에는 여러 가지 뜻이 있어요. '부침개를 부치다'라고 할 때는 '빈대떡 같은 것을 만드는 것'을 의미해요. '부채를 부치다'라고 할 때는 '바람을 일으키는 것'을 뜻하고요. '붙이다'는 '맞닿아 떨어지지 않게 하다'라는 뜻이에요.

57 붓다 vs 붇다

'붓다'는 몸이 부풀거나, 액체나 가루를 쏟는 것을 의미해요. '적금을 붓다'처럼 일정 기간 돈 내는 것을 뜻하기도 해요. '붇다'는 물에 젖어서 부피가 커진다는 뜻으로, '콩이 붇다', '체중이 붇다', '개울물이 붇다' 등으로 다양하게 쓰여요.

58 비로소 vs 비로서

'비로소'는 이제까지 이루어지지 않았던 사건이나 일이 이루어지거나, 변화하기 시작하는 것을 말해요. '드디어', '그제야', '마침내'와 뜻이 비슷하지요. '비로서'는 '비로소'의 잘못된 표현이에요.

59 비치다 VS 비추다

'비치다'는 '구름 사이로 달빛이 비치다'처럼 빛이 나서 환하게 된다는 뜻이에요. '비추다'는 '달빛이 온 세상을 비추다'처럼 빛을 내는 물질이 무언가를 밝게 한다는 뜻이에요. '비추다'는 '-을 비추다', '비치다'는 '-이 비치다'의 형태로 주로 쓰여요.

60 빚다 vs 빗다

'빚다'는 '흙으로 항아리를 빚다', '송편을 빚다', '술을 빚다'처럼 '무언가를 만들다'라는 뜻으로 쓰여요. '빗다'는 '빗 따위로 머리를 가지런히 하다'라는 뜻이지요. 두 낱말 모두 '빋따'로 발음되지만, 쓰임이 다르므로 반드시 구분해서 써야 해요.

61 설거지 VS 설겆이

'설거지'는 음식을 먹은 뒤 그릇을 씻어 정리하는 것을 말해요. 옛날에는 '설겆다'에서 나온 '설겆이'라는 말을 썼는데, '설겆다'라는 말이 사라지면서 '설거지'가 표준어가 되었어요.

62 설렘 vs 설레임

'설렘'은 '설레다'라는 동사에서 나온 말로, '들뜨고 두근거리는 마음'을 말해요. 우리가 흔히 쓰는 '셀레임'은 '설렘'의 잘못된 표현이에요. 마찬가지로 '설레이다'라는 낱말을 쓰는 사람이 많은데, 이것도 잘못된 표현이랍니다.

63 세다 vs 새다

'세다'는 '강하다', '물건의 수효를 헤아리다'라는 뜻으로 쓰여요. 반면에 '새다'는 '빛, 물, 비밀 따위가 밖으로 빠져 나가다'라는 뜻으로 사용하거나, 액체 따위가 틈이나 구멍을 빠져 나가는 것을 의미해요.

64 소시지 VS 소세지

'소시지'는 양념을 한 다진 고기를 돼지 창자 따위에 채워 넣은 음식이에요. 흔히 '소세지'라고도 하는데, 이건 틀린 말이에요. '소세지'는 '소시지'를 일본식으로 읽은 것으로, 본래의 발음은 '소시지'랍니다.

65 싫증 vs 실증

'싫증'은 '싫다'를 뜻하는 '싫'에 증세를 나타내는 한자 '증(症)'을 합친 단어예요. '싫어하는 생각이나 느낌'을 뜻하지요. '실증'은 '확실한 증거'를 뜻하는 말로, 철학에서는 '참과 거짓을 사실에 비추어 검사하는 일'을 말해요.

66 쑥스럽다 vs 쑥쓰럽다

'쑥스럽다'는 행동이 자연스럽지 않거나 어울리지 않아 어색한 것을 말해요. 그런데 말할 때 '쑥쓰럽따'로 발음되기 때문에 '쑥쓰럽다'로 잘못 아는 사람이 많아요. '쑥스럽다'는 '복스럽다', '걱정스럽다'처럼 반드시 '쑥스럽다'로 써야 해요.

67 아기 vs 애기 146	84 웬일 vs 왠일 180
68 않다 vs 안다 148	85 작다 vs 적다 182
69 암탉 vs 암닭 150	86 쟁이 vs 장이 184
70 어떡해 vs 어떻해 152	87 절이다 vs 저리다 186
71 어리바리 vs 어리버리 154	88 젖다 vs 젓다 188
72 어이없다 vs 어의없다 156	89 지그시 vs 지긋이 190
73 어차피 vs 어짜피 158	90 짓다 vs 짖다 192
74 업다 vs 엎다 160	91 찌개 vs 찌게 194
75 여위다 vs 여의다 162	92 창피하다 vs 챙피하다 196
76 역할 vs 역활 164	93 켜다 vs 키다 198
77 오랜만 vs 오랫만 166	94 트림 vs 트름 200
78 우리나라 vs 저희 나라 168	95 틈틈이 vs 틈틈히 202
79 욱여넣다 vs 우겨넣다 170	96 펴다 vs 피다 204
80 유월 vs 육월 172	97 하마터면 vs 하마트면 206
81 이따가 vs 있다가 174	98 해치다 vs 헤치다 208
82 있다 vs 잇다 176	99 햇볕 vs 햇빛 210
83 잊다 vs 잃다 178	100 희한하다 vs 희안하다 212

67 아기 VS 애기

'아기'는 '젖먹이 시기의 어린아이'나 '짐승의 새끼, 어린 식물'을 이르는 말이에요. 그런데 '아기' 대신 비표준어인 '애기'로 쓰는 사람들이 많아요. '아기'와 비슷한 '아가'는 '아기를 부르거나, 시부모가 며느리를 정답게 부르는 말'이랍니다.

68 않다 vs 안다

'않다'는 '어떤 행동을 안 하다'라는 뜻이고, '안다'는 '두 팔을 벌려 가슴에 품다'라는 뜻이에요. 그런데 '않'이 동사나 형용사 앞에 오면 '안'으로 쓰기 때문에 잘못 쓰는 사람들이 많아요. 다음 문장을 기억하세요. "소화가 안 돼서, 밥을 먹지 않았다."

69 암탉 vs 암닭

'암탉'은 '암'과 '닭'이 합쳐져 만들어진 말이에요. 그런데 이 두 말이 합쳐질 때 'ㅎ' 소리가 첨가되어 뒷말인 '닭'이 거센소리인 '탉'으로 바뀌었어요. 이렇게 만들어진 단어로는 '머리카락', '살코기', '안팎', '수캐' 등이 있어요.

여기는 텃밭이에요. 채소가 필요하면 마음껏 따서 드세요.

우아, 오이가 정말 싱싱하네요.

가지도 정말 먹음직스러워 보여요.

여기는 닭장이에요. 매일 아침 **암탉**이 달걀을 낳는답니다.

이건 아궁이예요. 여기에 불을 피워서 밥을 하면 되지요.

책에서 본 걸 직접 보다니!

진짜, 신기하다.

설명은 다 끝났고요. 필요한 게 있으시면 전화 주세요.

네, 감사합니다.

난 장작을 팰게요.

난 텃밭에서 필요한 채소를 가져올게요.

저는 동생들이랑 닭장에서 달걀 가져올게요.

70 어떡해 VS 어떻해

'어떡해'는 '어떻게 해'를 줄여서 쓴 말이에요. '어떻게 해' 자체가 완결된 서술어이므로 '갑자기 약속을 취소하면 어떡해'와 같이 문장 끝에 쓸 수 있어요. '어떻해'는 '어떡해'를 잘못 쓴 말이랍니다.

71 어리바리 VS 어리버리

'어리바리'는 말과 행동이 야무지지 못하고 어리숙한 것을 말해요. 또 정신이 또렷하지 않거나 기운이 없어서 몸을 제대로 움직이지 못한다는 뜻으로도 쓰여요. 간혹 '어리버리'라는 말로 잘못 사용하는데, 이는 표준어가 아니에요.

만세야, 패스해! 패스.

슛! 아, 이런.

만세가 오늘 유난히 **어리버리**하네.

만세야, 무슨 일 있니?

헉, 헉.

저것 때문이에요.

엄마가 지켜보고 있다

응? 저게 왜?

72 어이없다 vs 어의없다

'어이없다'는 '기막히다', '어처구니없다'라는 뜻이에요. '어이없다'를 '어의없다'와 헷갈리는 사람이 많은데, '어의'는 옛날에 임금이나 왕족의 병을 치료하던 의사였어요. 그러니 '어의없다'는 '의사가 없다'라는 뜻이 되므로 '어이없다'와 전혀 관계가 없어요.

73 어차피 VS 어짜피

'어차피'는 '이렇게 하든지 저렇게 하든지' 또는 '이렇게 되든지 저렇게 되든지'라는 뜻이에요. 순우리말 같지만 한자어 '어차어피(於此於彼)'에서 나온 말이에요. 따라서 '어짜피'라고 쓰면 안 되고, '어차피'로 써야 해요.

74 업다 vs 엎다

'업다'는 '아기를 업다'처럼 '손으로 붙잡거나 무엇으로 동여매어 등에 붙어 있게 하다'라는 뜻이에요. '엎다'는 '그릇을 씻어 선반 위에 엎다'처럼 물건을 거꾸로 놓거나, '물건을 넘어뜨려 속의 내용물을 쏟아지게 하다'라는 뜻이에요.

75 여위다 VS 여의다

'여위다'는 '오랜 병으로 많이 여위었다'처럼 '살이 빠져서 마르고 수척하게 된 것'을 말해요. '여의다'는 '부모님을 일찍 여의다'처럼 사랑하는 사람을 죽음으로 잃거나, '첫째 딸을 여의다'처럼 딸을 시집보내는 것을 말해요.

76 역할 vs 역활

'역할'은 '자기가 마땅히 해야 할 맡은 바 임무'로 '반드시 해야 할 일'을 말해요. '지호가 놀부 역할을 맡았다'처럼 '배우가 극에 등장하는 인물을 맡는 일'도 '역할'이라고 해요. '역활'은 '역할'의 잘못된 표현이랍니다.

77 오랜만 VS 오랫만

'오래간만'은 '어떤 일이 있은 뒤부터 오랜 시간이 지난 뒤'를 뜻해요. '오랜만'은 '오래간만'의 준말이고요. 그래서 말하거나 글을 쓸 때는 반드시 '오랜만'이라고 해야 해요. 아니면 '오랫동안'이라고 표현한답니다.

78 우리나라 vs 저희 나라

'우리나라'는 우리가 사는 대한민국을 이르는 말이에요. 그런데 공손하게 말하려고 '우리나라'를 '저희 나라'로 낮추어 표현하는 사람들이 있어요. 이는 대단히 잘못된 행동이에요. 우리나라나 민족은 다른 나라나 민족 앞에서 낮출 대상이 아니에요.

79 욱여넣다 vs 우겨넣다

'욱여넣다'는 '가방에 공책을 욱여넣었다'처럼 '어떤 물건을 바깥에서 안으로 마구 밀어 넣는다'라는 뜻이에요. 그런데 말할 때 '우겨너타'로 발음되기 때문에 소리가 같은 '우겨넣다'로 잘못 아는 사람들이 많아요. '우겨넣다'는 사전에 없는 낱말이랍니다.

그게 어디 있더라?

찾았다. 오빠들 오기 전에 내가 다 먹어야지.

나라야, 쿠키를 먹고 싶으면 오빠들에게 말해.

그래. 급하게 우겨넣다 체하겠다.

다음 날

아, 배고파. 뭐 먹을 게 없나? 앗, 저건…….

우적우적

80 유월 vs 육월

달을 나타낼 때는 숫자에 월을 붙여서 '일월, 이월, 삼월' 이런 식으로 표기해요. 그런데 '유월'과 '시월'만은 달라요. 왜 '육월'이나 '십월'로 표기하지 않는 걸까요? 편하게 발음하고 듣기 위해서예요. 이것을 '활음조 현상'이라고 한답니다.

81 이따가 vs 있다가

'이따가'는 '조금 뒤에, 잠시 후에'라는 뜻이에요. '있다가'는 '있다'의 활용어로 '어떤 곳에 잠시 머무르거나 어떤 상태를 유지하다'라는 뜻이에요. '이따가 보자'는 잠시 뒤에 보자는 뜻이고, '여기 있다가 갈게'는 이곳에서 잠시 머무르다 가겠다는 뜻이에요.

82 있다 vs 잇다

'있다'는 '책상 위에 책이 있다'처럼 '사람이나 사물이 어느 곳에 있거나 머물다'라는 뜻으로 쓰여요. 그리고 '무언가가 존재한다'라는 뜻으로도 쓰이지요. '잇다'는 '있는 것을 서로 연결하거나 끊기지 않게 한다'라는 뜻이에요.

83 잊다 vs 잃다

'잊다'는 '약속을 잊다'처럼 '알았던 것을 기억하지 못하거나 생각이 지워진 것'을 말해요. '잃다'는 '지갑을 잃어버리다'처럼 '물건이나 자리, 기회, 감정, 기능 따위가 없어진 것'을 말해요. 사람과 헤어지는 것도 '잃다'라고 하지요.

아차, 배드민턴 라켓을 깜박했네.

헤헤, 너답다!

지호야, 왜 그러니?

배드민턴 라켓을 **잃어버렸어요.**

어디서 잃어버렸어? 교실이야? 운동장이야?

그냥 잃어버렸어요.

얘들아, 지호가 배드민턴 라켓을 잃어버렸다는데?

지호 거 본 사람이 있니?

아니요. 우리는 보지 못했어요.

84 웬일 vs 왠일

'웬일'은 '무슨 일, 어찌 된 일'이라는 뜻이에요. '웬'은 '무슨, 어떠한, 어찌 된'이라는 뜻이고, '왠'은 '왜'에서 온 말로 '왜인지'라는 뜻이에요. 따라서 '왠일'은 '왜인지 일'이 되므로 틀린 말이에요. '왠'은 따로 쓰이지 않고 '왠지'로만 쓰인답니다.

85 작다 vs 적다

'작다'는 어떤 것의 크기를 나타낼 때 쓰는 말이에요. 반대말은 '크다'이지요. '적다'는 어떤 것의 개수나 양을 나타낼 때 쓰는 말로, 반대말은 '많다'예요. '작다'와 '적다'가 헷갈릴 때는 반대말을 넣어서 말이 되는지 안 되는지 따져 보면 된답니다.

윤아야, 너 옷이 좀 **적은** 거 같아.

내 옷이 많은지 적은지 네가 어떻게 알아?

아니, 옷이 적어진 것 같다고. 살이 쪄서 그런가?

뭐? 숙녀한테 그렇게 심한 말을!

친구를 놀리면 못써.

그래. 서로 사이좋게 지내야지.

지호야, 옷이 적은 게 아니라 **작은** 거라고 해야지.

뭐야? 너까지 왜 그래.

우리야, 눈치 좀 챙겨. 윤아가 화 많이 났어.

윤아야, 내가 대신 혼내 줄게. 진정해.

우리야, 나 화나면 무서운 거 알지?

키 적은 너부터 해치운다.

86 쟁이 vs 장이

'-쟁이'는 '멋쟁이', '겁쟁이', '거짓말쟁이'처럼 남다른 특징이나 성격을 가진 사람을 뜻해요. '-장이'는 '대장장이', '옹기장이', '양복장이'처럼 전문적인 기술이나 직업을 가진 사람을 뜻한답니다.

87 절이다 vs 저리다

'절이다'는 '생선이나 채소에 소금이나 식초가 배어들게 하는 것'을 말해요. '저리다'는 '우리 몸의 일부가 오래 눌려서 감각이 둔해지거나, 아릿하게 아픈 것'을 뜻하지요. 이 말은 '소금에 절이다', '팔이 저리다'와 같이 구분해서 써요.

88 젖다 vs 젓다

'젖다'는 '빗물에 빨래가 젖다'처럼 액체가 배어 축축하게 되거나, '슬픔에 젖다'처럼 감정에 깊이 빠진다는 뜻이에요. '젓다'는 이리저리 흔들거나, '노를 젓다'처럼 일정한 방향으로 움직이는 걸 말해요.

야!

악! 뭐야.

지호야, 왜 그랬어? 너 때문에 옷이 **젖었잖아**.

헤헤헷. 대신 나 때문에 시원해졌잖아~.

너도 나처럼 시원하게 해 줄게. 이리 와.

아니야. 난 하나도 안 더워.

네 이마에 흐르는 그건 뭔데?

이거? 물이야, 물.

네 티셔츠는 왜 **젖은** 건데? 땀나서 그런 거 아냐?

아니야. 빗물, 빗물에 젖은 거야.

89 지그시 VS 지긋이

'지그시'는 조용히 참고 견디는 모양이나, '지그시 밟다'처럼 슬며시 힘을 주는 모양을 말해요. 반면에 '지긋이'는 끈기 있고 참을성 있게 버티는 모습이나 나이가 많아서 듬직한 모습을 뜻하기도 해요.

90 짓다 vs 짖다

'짓다'는 여러 가지 뜻을 가진 말이에요. 그중에서도 재료를 사용하여 집, 밥, 옷, 약 등을 만든다는 뜻이 대표적이에요. 또 '표정을 짓다, 이름을 짓다' 등도 있어요. '짓다'와 자주 헷갈리는 '짖다'는 개가 '멍멍' 하고 소리를 낸다는 뜻이에요.

91 찌개 vs 찌게

'찌개'는 고기, 채소, 두부 등에 된장이나 고추장 등을 넣고 물을 자작하게 부어 끓인 음식이에요. 그중에서도 김치찌개와 된장찌개는 우리나라를 대표하는 찌개랍니다. 흔히 '찌개'를 '찌게'로 잘못 쓰기도 하는데 '찌개'가 맞는 말이에요.

92 창피하다 vs 챙피하다

'창피'는 몹시 부끄러운 걸 말해요. '창피'의 한자 '창(猖)'은 미쳐서 날뛴다는 뜻이에요. 아마 미쳐 날뛸 만큼 부끄러운 마음을 '창'이라는 글자로 표현한 것 같아요. '챙피하다'는 사전에 없는 낱말입니다.

93 켜다 vs 키다

'켜다'는 등이나 양초에 불을 붙이거나, 성냥이나 라이터에 불을 일으키는 것을 말해요. 또 '전기를 켜다'처럼 전기 제품을 작동하게 한다는 뜻도 있어요. '키다'는 '켜이다'의 준말로 갈증이 나서 물을 자꾸 마신다는 뜻이에요.

94 트림 vs 트름

'트림'은 가스가 입 밖으로 소리를 내며 나오는 걸 말해요. 사람들은 '트림'이 나오려고 하면 입을 막으며 숨기려 해요. 무례해 보일 수 있기 때문이에요. '트름'은 '트림'의 잘못된 표현이랍니다.

95 틈틈이 VS 틈틈히

'틈틈이'는 '누누이', '짬짬이'처럼 반복되는 글자 뒤에 '이'가 붙어서 이루어진 낱말이에요. '여유나 기회가 있을 때마다'라는 뜻으로, '그는 회사에 다니면서도 틈틈이 외국어 공부를 한다'처럼 쓰여요.

96 펴다 vs 피다

'펴다'는 '주먹을 펴다'처럼 접힌 것을 젖혀 벌린다는 뜻이에요. '피다'는 뜻이 다양해요. 꽃잎이 벌어진다는 뜻으로도 쓰이고, 형편이 좋아진다는 뜻으로도 쓰여요. 또 '곰팡이가 피다'처럼 무엇인가 생겨난다는 뜻도 있어요.

97 하마터면 VS 하마트면

'하마터면'은 위험한 상황에 직면하기 전이나 벗어난 뒤에 쓰는 말이에요. '자칫 조금만 잘못했으면'이라는 뜻이지요. 실제로 일어나지는 않았지만, 일어날 수 있었던 일들을 말할 때 쓰는 말이에요. '하마트면'은 잘못된 표현이에요.

98 해치다 VS 헤치다

'해치다'는 '다치게 하거나, 해를 입히다'라는 뜻이에요. '헤치다'는 '물리치다', '이겨 내다', '덮인 것을 파내다' 등 다양한 뜻으로 쓰여요. '배가 물살을 헤치고 나아간다'처럼 활용할 수 있답니다.

99 햇볕 VS 햇빛

'햇빛'은 해에서 나오는 빛이고 '햇볕'은 해가 내리쬐는 기운이에요. '햇빛'은 '환하다, 비치다, 비추다, 눈부시다'와 함께 쓰이고 '햇볕'은 '따스하다, 내리쬐다, 쬐다'와 함께 쓰여요. 말하자면 '햇빛'은 빛과 관계있고 '햇볕'은 열과 관계있다고 할 수 있어요.

- 윤아야, 방학 동안 잘 지냈어?
- 나는 매일 도서관에 가서 책 읽었어. 우리는?
- 나는 동생들하고 노느라 바빴어.
- 그런데 지호는 아직이네.

- 얘들아, 오랜만이야. 반가워!
- 으악, 너 굉장히 까매졌다.
- 뭘 했길래 그렇게 변한 거야?

- 방학 내내 바닷가에서 지냈거든.
- 아, 햇빛에 새카맣게 탄 거구나!
- 그런데 모자도 안 쓰고, 선크림도 안 발랐어?

100 희한하다 vs 희안하다

'희한하다'는 한자 '드물 희(稀)'와 '드물 한(罕)'으로 이루어진 말이에요. 한자 그대로 풀이하면 '드물고 또 드물다'라는 뜻이지요. 그래서 일어나기 힘든 신기한 일이 생겼을 때 '희한하다'라는 말을 쓴답니다. '희안하다'는 잘못된 표현이에요.

문제를 읽고 알맞은 맞춤법을 써 보아요.

1. 엄마가 내게 '동생에게 수학을 가리키라.'고 말씀하셨어요.

2. 고모는 땀 흘려 수고한 것을 모아서 재산을 꾸준히 늘였어요.

3. 어깨가 각지고 넙적한 게 엄청 세 보였어요.

4. 우리는 윤아에게 밥을 작게 주었어요.

5. 윤아가 외국인 고모부에게 인사했어요. "저희 나라에 오신 걸 환영해요."

6. 은하의 할머니는 산 넘어 이웃 마을에 살고 계세요.

7. 새로 문을 연 호떡집에서 파는 호떡이 너무 납짝했어요.

8. 우리가 창문을 닿고 일어났어요.

9. 강가에서 놀던 나라가 몽글몽글한 돌맹이를 주워 왔어요.

10. 이가 썩은 나라가 먹으면 안 돼는 초콜릿이에요.

정답 1. 가르쳐라 2. 늘렸어요 3. 넓적한 4. 적게 5. 우리나라 6. 너머 7. 납작했어요 8. 닫고 9. 돌멩이를 10. 되는 11. 드러났어요 12. 형으로서 13. 며칠 14. 무난했어요 15. 바람에 16. 설렘 17. 앉았어요 18. 어이없게 19. 유월에 20. 하마터면

11 가뭄으로 저수지 물이 마르자, 바닥에 있던 유물이 들어났어요.

12 우리가 동생들에게 라면을 끓여 주고 형으로써 책임을 다했어요.

13 달력에 표시한 내 생일이 몇 일 남지 않았어요.

14 준비한 생일 선물이 문안했어요.

15 생일 케이크 앞에서 평소 원하는 바램을 빌었어요.

16 예쁘게 꾸민 은하와 윤아가 설레임 가득한 얼굴로 걷고 있어요.

17 아빠의 얼굴빛이 좋지 안았어요.

18 만세가 축구할 때, 공을 찬다는 게 어의없게 신발이 벗겨졌어요.

19 장마는 보통 육월에 시작하는데, 올해는 장마가 길었어요.

20 골목에서 달려오는 자전거를 보지 못해서 하마트면 다칠 뻔했어요.

읽기만 해도 실력 쑥쑥
재미 두 배 코믹 만화

알찬 맞춤법

초판 1쇄 발행 2023년 2월 20일

글 강누리
그림 토리아트(김민지)

펴낸이 문제천
펴낸곳 ㈜은하수미디어
기획·편집 김정화, 유다온
디자인 엉뚱한고양이
제작책임 이남수
주소 서울시 송파구 송이로32길 18, 405(문정동 4층)
대표전화 02-449-2701
팩스 02-404-8768
출판등록 제22-590호(2000. 7. 10.)
홈페이지 www.ieunhasoo.com

ISBN 978-89-6579-513-1
ISBN 978-89-6579-506-3(세트)

이 책은 저작권법에 따라 보호받는 저작물이므로 무단 전재와 무단 복제를 금지하며,
이 책의 내용을 일부 또는 전부를 재사용하려면 반드시 ㈜은하수미디어의 동의를 얻어야 합니다.

어린이제품안전특별법에 의한 제품 표시
제조자명 ㈜은하수미디어 | **제조국** 대한민국 | **제조년월** 2023년 2월 | **사용연령** 만 7세 이상 어린이 제품